Agathe

Le Trésor
de La
Marie-Galante

Pour découvrir nos nouveautés,
consulter notre catalogue en ligne,
contacter nos diffuseurs, ou nous écrire,
rendez-vous sur Internet :
www.hachettefle.fr

Couverture : Guylaine Moi, Anne-Danielle Naname
Conception graphique et mise en page : Anne-Danielle Naname
Illustrations : Emmanuel Cerisier

ISBN : 978-2-01-155455-0

© HACHETTE LIVRE 2005, 43, quai de Grenelle, 75905 Paris CEDEX 15.

Sommaire

Chapitre 1

Les pirates

17 juin 1687

Benjamin mon amour,

Le soleil se lève sur l'océan Atlantique.
Tout est calme. Le navire avance doucement
sur la mer. Dans quelques heures, La Marie-
Galante arrivera à Fort-de-France et je serai
dans tes bras. Dans quelques jours, mon
père, gouverneur de la Martinique, nous
mariera. Une nouvelle vie commence. Je suis
si heureuse ! Je t'écris pour partager ce
bonheur avec toi. Je suis fière de devenir ta
femme.

Les mots en rouge renvoient à la rubrique *Mots et expressions*, p. 38.

5

J'entends du bruit et des pas. On court sur le pont. Il se passe quelque chose. Quelqu'un crie « Navire pirate droit devant ! » Mon Dieu, des pirates, c'est terrible !

Je regarde par le hublot. La Marie-Galante a tourné ses canons vers la mer. À quelques mètres, un drapeau noir flotte dans le vent. Ce sont bien des pirates. Nous n'avons aucune chance ! La Marie-Galante n'est pas un navire de guerre. Le bateau est lourd, chargé de pièces d'or, de bijoux et de pierres précieuses. Le capitaine ne pourra rien faire.

Le plafond tremble, on se bat au-dessus de ma tête. J'entends des coups de hache sur la porte de ma cabine.

Vite, je termine ma lettre. Je la glisserai dans une bouteille et je la jetterai à la mer pour toi. Oh, Benjamin, je t'ai toujours aimé, j'ai toujours aimé Dieu et mon père et je ne veux pas mourir à quinze ans.

Béatrice de Roquelaure

Chapitre 2

Une drôle d'impression

Entre le bleu du ciel et le bleu de la mer, *Le Pirana* flotte sur les vagues. Sur le pont du petit bateau, deux jeunes sont penchés sur une vieille carte.

« Il reste encore ce coin-là... dit Ben. Je descends. »

Alix, une jolie blonde aux yeux clairs, regarde sa montre.

« Il est tard, Ben ! Le soleil va bientôt se coucher. Tu plongeras demain.

— Non, petite sœur, les trésors n'attendent pas. Souviens-toi de la lettre de Béatrice. Le navire était chargé d'or, de bijoux et de pierres précieuses. Il a coulé. Il est près d'ici...

— Attends, Ben… Dis-moi… Et Béatrice ? Qu'est-ce qui lui est arrivé ? »

buy some time

La jeune fille veut gagner du temps. Si son frère commence à parler de Béatrice, il oubliera peut-être de plonger.

« Elle a été *prisonnière* des pirates et *rendue* à son père contre un *millier* de pièces d'or.

against *thousand* *returned*

— Elle a pu *épouser* son Benjamin ?

able

— Peut-être… Je ne sais pas. Je n'ai rien trouvé d'autre dans les vieux livres… Ce qui m'intéresse aujourd'hui, c'est ce *navire*, là, tout au fond, avec ses *coffres* pleins de bijoux et de pièces d'or. On en a besoin, tu ne crois pas ? Nous ne sommes pas riches… »

ship *treasure chest*

Ben met sa combinaison de plongée et ses palmes puis il vérifie sa bouteille d'oxygène. Alix regarde son frère, un peu inquiète.

« Ben, ne plonge pas ! J'ai une drôle d'impression…

— Ah non, Alix ! Tu ne vas pas devenir comme maman ! Son fils veut être chercheur de trésors et elle n'arrive pas à le comprendre… C'est un métier dangereux, je suis d'accord. Mais avec les bijoux et les pièces d'or de *La Marie-Galante*, nous serons riches… »

Ben s'est approché du rebord. Sans prévenir, il se laisse tomber dans la mer…

Le téléphone de Meursault sonne dans son bureau de Fort-de-France.

« Oui ? Quoi ? Un bateau ? *Le Pirana* ? Avec deux jeunes à bord ?

— ...

— Et vous ne pouvez rien faire pour les arrêter ? Non ?

— ... »

Meursault tape du poing sur la table. Le coup résonne dans le petit bureau.

« Ces gamins ! Encore ces sales gamins... À force de chercher l'épave, ils vont finir par la trouver. Et alors... Fini, le trésor ! Mais c'est pour moi, ce trésor, c'est pour moi ! Enfin, je veux dire pour nous... »

Meursault se tourne vers un homme qui attend devant lui.

« Roger, il faut les arrêter. Tu dois les arrêter. »

Le gros Roger se met à rire.

« Ne vous inquiétez pas, patron. Ces gamins ne vous embêteront plus très longtemps ! Il va leur arriver... un petit accident ! »

Chapitre 3

La dernière plongée

Ben s'enfonce dans les eaux claires. Au-dessus de sa tête, *Le Pirana* est posé sur la surface de l'eau. Le vieux bateau a bien besoin d'être réparé mais, pour le moment, la famille Mermet n'a pas assez d'argent.

« Cette fois, se dit Ben, je vais trouver l'épave et je pourrai acheter un autre bateau… Maman et Alix auront une vraie vie, une grande maison avec une piscine… »

Il descend toujours. Un nuage de poissons l'accompagne. Les coraux rouges tendent leurs bras vers lui…

Puis Ben arrive dans une zone dangereuse. Il s'approche des rochers. Le courant est très fort, il y a des tourbillons. Et plus aucun poisson. Même les habitants de la mer ne viennent pas jusqu'ici.

Ben pense qu'il a une chance de retrouver l'épave ici. Il vérifie l'heure à sa montre. Trente minutes, il a encore trente minutes d'oxygène. Ça suffit. Il allume sa torche et s'enfonce dans les eaux noires.

Un nuage couvre le soleil et le vent est froid. L'eau est devenue sombre. Alix tremble.

« Qu'est-ce qu'il fait ? »

Elle regarde sa montre.

« Il devrait être ici depuis plus de cinq minutes ! »

Son frère a peut-être trouvé l'épave de *La Marie-Galante*... Oui, mais dans ce cas, il serait remonté pour lui dire !

Cinq autres minutes passent. Toujours pas de Ben. Alix ne peut rien faire ! Elle a promis à Marie Mermet de ne pas plonger et, en échange, sa mère lui a donné la permission d'accompagner Ben. Mais cette fois, elle est inquiète. Au fond de la mer, il peut arriver n'importe quoi. On n'a pas vu de requins par ici depuis plus de dix ans. S'ils étaient revenus ? Ben est peut-être en danger...

Alix court vers la cabine pour sortir l'équipement de secours. Elle oublie la promesse faite à sa mère. Elle oublie sa peur des requins. Elle pense uniquement à son frère. Elle met sa combinaison de plongée et se laisse glisser dans l'eau claire.

Chapitre
4

Un retour
mouvementé

Marie Mermet est dans la cuisine. Il y a une bonne
odeur de poissons.

Après son divorce, elle s'est installée en Martinique,
avec ses deux enfants. Ici, ils ont besoin de moins d'argent
pour vivre, et les enfants semblent heureux. Alix est une
jeune fille calme. Benjamin est très différent de sa sœur.
Il veut devenir chercheur de trésors ! Ce n'est pas raisonnable ! Mais comment empêcher un garçon de dix-sept
ans de suivre son rêve ?

Par la fenêtre, Marie Mermet voit le soleil descendre vers la mer. Et les enfants ne reviennent pas ! Ils lui ont pourtant promis de rentrer avant la nuit...

La lumière du soleil arrose la plage... C'est magnifique, mais Marie est inquiète. Elle a envie de crier, de pleurer, de supplier la mer de lui rendre ses enfants. Alix ? Benjamin ? Où sont-ils ? En danger ? Perdus, peut-être... Ou même pire.

Elle part appeler les garde-côtes mais elle revient sur ses pas. Elle a entendu un bruit de moteur. Un petit bateau approche...

Marie se met à courir vers la mer. C'est bien *Le Pirana*. Elle voit Alix sortir de la cabine et sauter du bateau pour nouer la corde d'amarrage.

« Et ton frère ? lui crie Marie. Où est ton frère ? »

Alix baisse les yeux et ne répond rien. Ben finit par sortir. Il boite. Son tee-shirt est plein de sang. Il l'a noué autour de la jambe.

« Oh mon Dieu ! Qu'est-ce qu'il y a, Ben, tu es blessé ? » crie Marie.

Elle a juste le temps de prendre son fils dans ses bras. Il s'évanouit.

La soirée est calme. La famille finit le repas à la lueur de la lampe. Ben a allongé sa jambe sur une chaise. La blessure n'est pas grave.

« *La Marie-Galante* est là, maman, quelque part, tout près. Je le sens…

— Et moi, quand j'ai plongé, lui explique Alix, j'ai vu quelque chose qui brillait au fond de l'eau… »

Marie ne répond rien. L'accident aurait pu être beaucoup plus grave. Mais Ben a risqué sa vie. Et il ne pourra pas plonger pendant trois semaines. Pour lui, c'est une catastrophe. Et pour sa mère, c'est une bonne chose.

Alix lui a raconté comment elle a trouvé son frère évanoui, la jambe prise dans le rocher. Il n'avait presque plus d'oxygène. Elle l'a aidé à remonter.

« Tu ne retourneras plus là-bas, dit Marie Mermet, c'est trop dangereux.

— Mais…

— S'il y a une épave, elle doit être dans les grands fonds, là où personne ne peut aller. Tu ne risqueras pas ta vie ! »

Ben ne répond pas. Mais une fois seul avec sa sœur, il murmure :

« Il y a quelque chose, mais maman ne le sait pas… Tu ne diras rien, Alix…

— C'est quoi ton scoop ?

— Quelqu'un a saboté ma bouteille d'oxygène.

— C'est pas vrai !

— Si ! On veut m'empêcher de plonger. »

5

La partie de pêche

« Tu peux encore changer d'avis ! dit Ben à sa sœur.

— Non. »

Alix est décidée. Elle veut tout essayer. Depuis une semaine, son frère traîne sa jambe le long du rivage. Il a mal. Il regarde la mer sans rien dire. Elle sait à quoi il pense. Il est blessé à la jambe, mais également au cœur. Ce matin, ils ont pris le bateau. « Nous allons à la pêche, maman ! » a dit Alix. Marie Mermet a répondu « D'accord, mais n'allez pas trop loin ! ».

« Je vais plonger à ta place.

— Mais maman ? demande Ben.

— Elle ne saura rien… si tu ne lui dis pas.

— Et tu n'auras pas peur ?

— Ne t'inquiète pas pour moi. »

Alix est décidée. Pourtant, au fond d'elle, elle a peur.

Le soleil éclaire le fond de ses rayons bleus. La jeune fille plonge...

...Autour d'elle, des algues se balancent, comme de longs cheveux. Elle croise un groupe de méduses rondes. Des poissons glissent parmi les coraux. Que c'est beau ! Alix oublie un peu sa peur.

Quelque chose cache soudain le soleil. Alix aperçoit une ombre sur le sable clair. On dirait... Un requin ? Mon Dieu, un requin ! Elle hurle sous son masque... Non, c'est un dauphin ! Ouf ! Elle s'arrête pour l'admirer. Bientôt, un deuxième arrive. Puis un troisième. Alix descend encore. Les dauphins l'accompagnent, ils sourient gentiment de sa peur.

Sur le pont du *Pirana*, Ben regarde la mer. Il attend Alix. A-t-elle trouvé quelque chose ? Le temps passe et il ne voit personne. Ben s'inquiète. Il se demande s'il a bien fait de laisser sa sœur plonger. Alix n'a que quatorze ans. Non, ce n'était pas raisonnable !

Il fait très noir, sous l'eau. La lampe torche ne donne qu'une faible lumière. Pourtant, la jeune fille a bien vu un objet briller tout au fond. Elle nage entre les rochers. La lumière de la torche éclaire quelque chose... Elle descend encore un peu. Son cœur bat. Un objet de métal et de bois... C'est bien une épave ! Alix rit de bonheur...

Tout à coup, Ben voit un ballon rouge sortir de la mer. C'est le signal ! Alix a trouvé quelque chose ! Il dirige son bateau vers le signal. Le bruit du moteur effraie les oiseaux. Ben s'arrête près du ballon. Ses mains tremblent lorsqu'il attrape la corde et commence à tirer... La chose est grande et lourde, plutôt carrée. Un coffre ?

Au même moment, la tête d'Alix apparaît et la jeune fille lui fait un geste joyeux.

Ben observe la chose. C'est un magnifique... fauteuil roulant couvert d'algues !

« Tu en as peut-être besoin ! » lui dit sa sœur. Elle vient de le trouver dans l'épave d'un bateau écossais.

* * *

« Alors ? Les gamins sont toujours vivants ! Et ils cherchent toujours l'épave ! »

Meursault fait les cent pas dans son petit bureau. Le gros Roger est devant lui, la tête basse.

« Ils vont trouver *La Marie-Galante* avant nous ! crie Meursault. Et alors, fini le trésor !

— Peut-être bien, patron, peut-être bien, mais... Une méchante lueur passe dans les yeux du gros homme. Je connais un autre moyen de les arrêter...

— Ah oui ? Très bien, mais tu dois réussir cette fois-ci !

— Faites-moi confiance, patron. Faites-moi confiance... Ils vont faire une drôle de rencontre...

— Quelle rencontre ?

— Ah ça, patron, c'est mon petit secret ! »

Chapitre

6

Zacharie

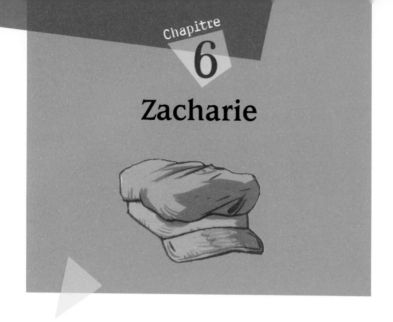

« Allez, raconte-moi tout, Alix ! Je peux peut-être vous aider » dit Zacharie.

Alix regarde le vieil homme. Il porte une casquette de capitaine, mais ressemble à un pirate, avec ses cheveux gris et sa longue barbe blanche. Il vient souvent le soir. Il s'assoit face à la mer et ouvre une bouteille de bière. Il leur raconte alors des histoires de combats et de navires fantômes…

Ce soir, il leur a raconté comment le capitaine de *La Marie-Galante* a coulé son navire. Comment le bateau, chargé de trésors, a échappé aux pirates. Comment il a été englouti par la mer.

* * *

Il fait nuit, maintenant. Marie Mermet range la vaisselle et Ben s'est endormi. Alix regarde son frère. Il sourit doucement, dans son sommeil. Il doit rêver à Béatrice de Roquelaure...

La jeune fille hésite un moment. Elle a envie de parler à Zacharie. Elle veut lui dire leur secret, mais elle ne sait pas par où commencer. Enfin, elle se décide. Elle lui parle de la bouteille trouvée sur la plage. De la lettre de la belle Béatrice.

« Montre-moi cette lettre » demande Zacharie.

Alix fouille dans la poche de son frère. Il la garde toujours pliée contre son cœur. Le marin déplie le vieux papier où l'écriture s'efface.

« Et où avez-vous trouvé la bouteille ?

— Sur la plage de Saint-François, répond Alix, vers la pointe Nord.

— Et, bien sûr, vous avez cherché vers le Nord ?

— Oui. Nous avons fouillé le fond de la mer. Mais rien, juste un vieux bateau écossais. »

Le vieil homme réfléchit un moment.

« Vous avez oublié les courants chauds ! À cet endroit, ils vont du Sud au Nord. Ils ont pu entraîner la bouteille loin de *La Marie-Galante*. As-tu une carte de la côte ? »

Alix lui tend la carte. Zacharie sort un crayon de sa poche.

« D'après la force des courants et la vitesse de l'eau, le trésor devrait se trouver… à peu près là. »

Il trace une croix. Alix a envie d'embrasser le vieil homme, mais elle n'ose pas. *La Marie-Galante* dort donc ici ! Bientôt, ils seront riches. Oui, mais… Ben est blessé. Qui va plonger à sa place ?

Le lendemain matin, Ben secoue Alix bien avant le lever du soleil.

« Dépêche-toi, maman n'est pas encore réveillée !

— Ok, j'arrive » répond la jeune fille.

Les deux jeunes sortent tout doucement de la maison. Ben a du mal à marcher, sa sœur l'aide. Ils s'approchent du rivage. *Le Pirana* flotte au bout de son ancre, il les attend. Une voix derrière eux les fait sursauter.

« Ne partez pas sans moi ! Je dois veiller sur vous ! »

Le vieux Zacharie monte à bord et s'installe aux commandes.

« Hé ! Ne partez pas sans moi non plus ! » Marie Mermet arrive avec un grand panier.

« Vous serez bien contents de trouver mes sandwiches à midi, quand vous aurez faim ! »

Alix ne dit rien et Ben sourit à sa mère.

« Zacharie m'a tout raconté, explique Marie Mermet, nous avons beaucoup parlé, tous les deux. Je ne peux pas vous empêcher de plonger... Benjamin doit suivre son rêve ! »

Les yeux du vieux Zacharie sourient à Alix. Et pour la deuxième fois, elle a envie d'embrasser le vieil homme.

***

« Combien ? demande Roger.

— Dix mille euros, répond l'homme.

— C'est cher !

— La vente de requins blancs est interdite. J'ai pris des risques, moi, pour vous amener ce requin…

— Il est en bonne santé au moins ?

— En pleine forme. Et il a faim !

— Bon, d'accord, je le prends. »

Roger ouvre son portefeuille. Il tend l'argent. Après tout, si son patron veut se débarrasser des gamins, il doit payer le prix.

« Et où faut-il le lâcher ? demande le capitaine.

— Donnez-moi la carte, je vais vous montrer. »

Chapitre 7

Une mauvaise rencontre

Alix, émerveillée, regarde le fond de l'eau : du sable blanc, des coraux rouges, de longues algues, des raies Manta... Mais pas de trace de l'épave. Le vieux marin s'est-il trompé ?

La jeune fille continue vers le Sud. Tout à coup, elle aperçoit un morceau de bois au fond de l'eau. Elle descend et le ramasse. Il est couvert d'algues, mais Alix voit des lettres « M...ie-Gal... ». Marie-Galante ! Elle l'a enfin trouvée ! L'épave n'est pas loin. Elle lâche un ballon rouge. C'est le signal pour *Le Pirana.*

Au moment où elle lève la tête, elle voit quelque chose nager au-dessus d'elle... Son cœur s'arrête. Cette fois, ce n'est pas un dauphin mais un requin !

Elle voit son ventre blanc et son aileron. Le fantôme glisse au-dessus de sa tête. Alix, terrifiée, crie sous son masque. Mais personne ne l'entend. Elle se met à nager de toutes ses forces vers l'épave.

Ben, Zacharie et Marie Mermet regardent la mer. Ils cherchent une trace d'Alix quand, tout à coup, Zacharie tend la main vers le Sud.

« Regardez ! Un ballon rouge flotte sur les vagues.

— Ça y est, elle a trouvé le trésor ! » crie Ben.

Tous les trois se sourient. Le vieux marin remet le moteur en marche et *Le Pirana* s'approche du ballon. Mais Ben pousse un grand cri :

« Un requin ! »

En effet, un aileron apparaît à la surface de l'eau. Il fait de grands cercles dans la mer. Marie Mermet devient toute pâle. Ben essaie de la rassurer.

« Ne t'en fais pas, maman, Alix sait se débrouiller. »

Zacharie sort de la cabine armé d'un long fusil.

« Un requin ? Ici ? Ce n'est pas normal ! On n'en a pas vu depuis dix ans ! »

Le vieux marin vise et le coup part. Une tache rouge apparaît sur l'eau.

« Sale bête ! crie Zacharie. Je n'aime pas les requins !

« — Et Alix ? demande Ben.

— Elle a dû se cacher quelque part, elle doit être terrifiée ! répond le vieux marin.

— Je vais la chercher ! décide Ben.

— Et ta jambe ? demande Marie Mermet.

— Ça ira, maman. Je peux plonger.

— Mais… »

Sans écouter sa mère, Ben met son masque, vérifie sa bouteille d'oxygène et disparaît sous l'eau.

8

Le vrai trésor
de *La Marie-Galante*

11 h 07 : Sur le pont du bateau, Marie Mermet et Zacharie observent la mer. Ils sont inquiets. Zacharie a gardé son fusil à la main, au cas où...

11 h 21 : Ben nage vers *La Marie-Galante*, il entre dans l'épave et trouve sa sœur, cachée dans une cabine. Tout va bien. Le requin est mort.

11 h 37 : Ben a envoyé un autre ballon, au bout d'une corde. Zacharie tire sur la corde et remonte la statue d'une vierge en or qui sourit.

11 h 43 : Ben, Alix, Zacharie et Marie sont fous de joie : « On a trouvé l'épave ! On a trouvé l'épave ! »

12 h 02 : L'oreille collée à son téléphone, Meursault est en colère. Une colère terrifiante jamais vue dans toute la Martinique. Les habitants de Fort-de-France lèvent les yeux vers le ciel. Une tornade ? Non, juste la colère de l'homme.

Seul avec son patron dans le petit bureau, Roger baisse la tête. Il laisse passer la tempête.

* * *

Quelques jours plus tard, *La Marie-Galante* a livré ses trésors. Des coffres remplis de pièces d'or et de bijoux, des bouteilles de vin vieux et des fusils.

Mais le véritable trésor de *La Marie-Galante*, c'est Alix qui l'a découvert dans un coin de l'épave. Une broche en or en forme de B et de R : « Béatrice de Roquelaure ! »

Elle a donné le bijou à son frère. Elle a vu Ben embrasser la broche avant de la mettre dans sa poche. Alix le savait bien : le vrai trésor de *La Marie-Galante*, c'est la belle Béatrice !

&

Mots
expressions

Activités

Corrigés

Mots & Expressions

Chapitre 1

■ **Canon** *(n. m.)* : arme à feu qui lance des boulets.

■ **Gouverneur** *(n. m.)* : personne qui dirige un territoire.

■ **Hache** *(n. f.)* : outil tranchant.

■ **Hublot** *(n. m.)* : petite fenêtre.

■ **Navire** *(n. m.)* : bateau qui navigue en haute mer.

■ **Pirate** *(n. m.)* : personne qui attaque les navires pour les voler.

Chapitre 2

■ **Coffre** *(n. m.)* : caisse où l'on range des objets précieux.

■ **Combinaison** *(n. f.)* : vêtement qui permet d'aller sous l'eau.

■ **Épave** *(n. f.)* : restes d'un bateau échoué ou abandonné.

■ **Palme** *(n. f.)* : objet en caoutchouc qui permet de nager plus vite.

■ **Prisonnier(ère)** *(adj.)* : capturé(e), privé(e) de liberté.

■ **Corail** *(n. m.) (pl. : coraux)* : petit animal qui vit dans les mers chaudes.

■ **Donner la permission** : permettre ; donner le droit de faire quelque chose.

■ **Promettre** *(v.)* : s'engager à faire quelque chose.

■ **Requin** *(n. m.)* : animal marin aux dents tranchantes.

■ **Rocher** *(n. m.)* : grosse pierre.

■ **Sombre** *(adj.)* : avec peu de lumière.

■ **Surface** *(n. f.)* : partie extérieure de l'eau.

■ **Torche** *(n. f.)* : lampe de poche très puissante.

■ **Tourbillon** *(n. m.)* : quantité d'eau qui se déplace rapidement en tournant sur elle-même.

Chapitre 4

■ **Boiter** *(v.)* : marcher en penchant le corps d'un côté.

■ **Corde d'amarrage** *(n. f.)* : corde qui sert à attacher le bateau.

■ **Divorce** *(n. m.)* : rupture du mariage.

■ **S'évanouir** *(v.)* : perdre connaissance.

■ **Empêcher** *(v.)* : rendre impossible à faire.

■ **Garde-côte** *(n. m.)* : personne qui surveille les bords de mer.

■ **Lueur** *(n. f.)* : petite lumière.

■ **Murmurer** *(v.)* : parler à voix basse.

■ **Risquer sa vie** : mettre sa vie en danger.

■ **Saboter** *(v.)* : abîmer volontairement quelque chose.

■ **Supplier** *(v.)* : prier, demander en insistant.

Chapitre 5

- **Algue** *(n. f.)* : plante sans racines qui pousse dans l'eau.
- **Dauphin** *(n. m.)* : animal marin gris qui vit en groupe.
- **Effrayer** *(v.)* : faire peur.
- **Faire confiance** *(v.)* : être sûr de quelqu'un.
- **Faire les cent pas** : aller et venir quand on est impatient.
- **Méduse** *(n. f.)* : animal marin transparent.
- **Rivage** *(n. m.)* : partie de la terre qui longe la mer.
- **Signal** *(n. m.)* : bruit pour avertir.

Chapitre 6

- **Ancre** *(n. f.)* : objet en métal qu'on jette au fond de l'eau et qui sert à stopper un bateau.
- **Se débarrasser** *(n. m.)* : jeter quelque chose ou éloigner quelqu'un.
- **Échapper** *(v.)* : ne pas être fait prisonnier.
- **S'effacer** *(v.)* : disparaître.
- **(être) englouti(e)** *(adj.)* : couler dans les profondeurs de la mer.
- **Fouiller** *(v.)* : chercher quelque chose en regardant partout.
- **Sursauter** *(v.)* : faire un mouvement brusque quand on est surpris.
- **Veiller sur qq'un** *(v.)* : protéger une personne.

Chapitre 7

- **Aileron** *(n. m.)* : nageoire sur le dos des poissons.
- **Se débrouiller** *(v.)* : réussir à faire quelque chose seul.
- **(être) émerveillé(e)** *(adj.)* : être en admiration.
- **Pâle** *(adj.)* : sans couleur, tout blanc.
- **Raie Manta** *(n. f.)* : poisson plat avec de grandes nageoires en forme de triangle.
- **(être) terrifié(e)** *(adj.)* : avoir très peur.

Chapitre 8

- **Broche** *(n. f.)* : bijou qu'on attache à un vêtement avec une épingle.
- **Tempête** *(n. f.)* : vent très fort avec de la pluie ou de la neige.
- **Tornade** *(n. f.)* : vent très violent qui tourne sur lui-même.

Activités

Qui est qui ?

Fais correspondre.

1. Zacharie
2. Béatrice de Roquelaure
3. Ben
4. Meursault
5. Marie Mermet

a. C'est le frère d'Alix.

b. C'est l'ami d'Alix et Ben.

c. C'est le patron de Roger.

d. C'est la mère d'Alix et Ben.

e. C'est la fille du gouverneur de la Martinique.

Vrai ou faux ?

Dis si les affirmations suivantes sont vraies (V) ou fausses (F). Justifie ta réponse en retrouvant dans le texte les passages qui te permettent de répondre.

	Vrai	Faux
1. Les aventures de Ben et Alix se passent en 1687.	☐	☐
2. *La Marie-Galante* n'est pas un navire de guerre.	☐	☐
3. Béatrice a été rendue à son père contre un millier de pièces d'or.	☐	☐
4. Des pirates ont coulé *La Marie-Galante*.	☐	☐
5. Alix et Ben risquent leur vie quand ils plongent.	☐	☐
6. *Le Pirana* est un bateau à voile.	☐	☐

3 À ton avis...

Retrouve la ou les bonnes réponses.

1. Où Ben a-t-il trouvé la lettre de Béatrice de Roquelaure ?

   a. Dans un vieux coffre.

   b. Dans une bouteille.

   c. Dans une épave.

2. Où se trouve le trésor de *La Marie-Galante* ?

   a. Près de la plage Saint-François, vers la pointe Nord.

   b. Sur une île, au large de Fort-de-France.

   c. Vers la côte Sud de la Martinique.

3. Pourquoi Ben veut-il devenir chercheur de trésors ?

   a. Pour aider sa famille.

   b. Pour faire comme Zacharie.

   c. Pour faire plaisir à sa mère.

4. Que découvre Alix dans l'épave du bateau écossais ?

   a. La statue d'une vierge en or qui sourit.

   b. Une broche en or.

   c. Un fauteuil roulant.

5. Que font Roger et Meursault pour empêcher les enfants de trouver le trésor ?

   a. Ils sabotent la bouteille d'oxygène d'Alix.

   b. Ils coulent *Le Pirana*.

   c. Ils lâchent un requin blanc dans la mer.

6. Comment Zacharie aide-t-il Ben et Alix à trouver *La Marie-Galante* ?

   a. Il plonge à la place de Ben.

   b. Il leur parle de la force des courants chauds et de la vitesse de l'eau.

   c. Il demande de l'aide aux garde-côtes.

7. Comment Alix échappe-t-elle au requin ?

   a. Elle se cache dans l'épave de *La Marie-Galante*.

   b. Elle l'effraie avec un ballon rouge.

   c. Un dauphin vient la protéger.

8. Pourquoi Alix donne-t-elle la broche de Béatrice à son frère ?

   a. Parce qu'il a plongé pour lui porter secours.

   b. Parce que son frère aime les bijoux en or.

   c. Parce qu'elle sait que Ben est amoureux de la belle Béatrice.

4 Les intrus

Un intrus s'est glissé dans chacune des listes suivantes ; à toi de le chasser ! Tu peux rechercher la signification des mots que tu ne connais pas dans le dictionnaire.

2 voilier, mouette, paquebot, navire

4 trésor, richesses, ruine, fortune

1 pirate, marin, corsaire, mousquetaire

3 plongeuse, baigneuse, essoreuse, nageuse

5 **Quelle aventure !**

Complète le texte avec les mots suivants :

masque – oxygène – plongée sous-marine – palmes – lampe torche – grands fonds

Chaque jour, Ben pratique son sport favori, la .... Il n'oublie jamais sa bouteille d'... pour respirer sous l'eau. Grâce à ses ..., il peut nager plus vite. Avec son ... et sa ..., il cherche des trésors dans les ... marins.

6 **Animaux croisés**

Complète la grille en retrouvant les six mots que tu as déjà rencontrés dans le texte. Pour t'aider, voici leur définition.

1. Je suis un animal marin aux dents tranchantes.

2. Je suis une plante sans racines qui pousse dans l'eau.

3. Je vis dans les mers chaudes et mon squelette en calcaire est souvent de couleur rouge.

4. Je suis un poisson de mer plat et mes nageoires, en forme de triangle, sont très grandes.

5. Je suis un animal marin transparent.

6. Je suis un animal marin gris très apprécié des hommes.

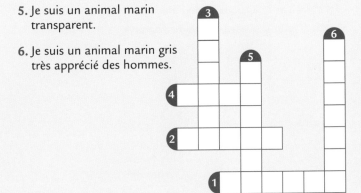

Mystère, mystère...

Charade : retrouve le mot mystérieux.

Mon premier est une chaussure en bois.

Mon deuxième est la première syllabe du nom « Tabarly »,
nom d'un célèbre navigateur français.

Mon troisième permet de s'amuser. C'est aussi le pronom
personnel sujet de la première personne du singulier.

Mon tout est ce que font Roger et Meursault lorsqu'ils trafiquent
la bouteille d'oxygène de Ben.

8 **Un peu de géographie...**

La Martinique est un département français d'outre-mer.
Voici la carte géographique de la Martinique.
Complète-la avec les noms suivants :
mer des Caraïbes – océan Atlantique – Fort-de-France.
D'après les indications données dans le texte, où se trouve
le trésor de *La Marie-Galante* ?

Un air marin...

Retrouve la définition de chacune des expressions suivantes :

 Lever l'ancre.

 a Partager une situation difficile avec quelqu'un.

 Perdre la boussole.

 b Diriger ses affaires sans l'aide de personne.

 Être dans le même bateau.

 c S'en aller, partir.

 Mener sa barque.

 d Être affolé, perdre la tête.

 À l'abordage !

Connais-tu la différence entre *un pirate* et *un corsaire* ?
Le pirate volait pour son propre compte. Le corsaire était au service du roi.
Voici les noms de célèbres brigands des mers. Fais des recherches pour mieux les connaître. Différencie les corsaires des pirates et identifie ceux qui ont vraiment existé.

 Barberousse

 Rackham le Rouge

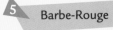 Barbe-Rouge

 Long John Silver

 Surcouf

Corrigés

 1. b. – 2. e. – 3. a. – 4. c. – 5. d.

 1. F – 2. V – 3. V – 4. F – 5. V – 6. F.

 1. b. – 2. c. – 3. a. – 4. c. – 5. c. – 6. b. – 7. a. – 8. c.

 1. mousquetaire – 2. mouette – 3. essoreuse – 4. ruine.

 plongée sous-marine, oxygène, palmes, masque, lampe torche, grands fonds.

 1. requin – 2. algue – 3. corail – 4. raie – 5. méduse – 6. dauphin.

 Sabotage : sabot/ta/jeu (ou Je).

Océan Atlantique

FORT-DE-FRANCE

Mer des caraïbes

✕

 1. c. – 2. d. – 3. a – 4. b.

 Corsaires : Barberousse et Surcouf.

Pirates : Long John Silver, Rackham le Rouge et Barbe-Rouge.

Personnages fictifs : Long John Silver (*L'Île au trésor* de Stevenson) ; Rackham le Rouge (*Le Secret de la Licorne* de Hergé) ; Barbe-Rouge (*Le Démon des Caraïbes* de Charlier).